Das Imperium Romanum

1

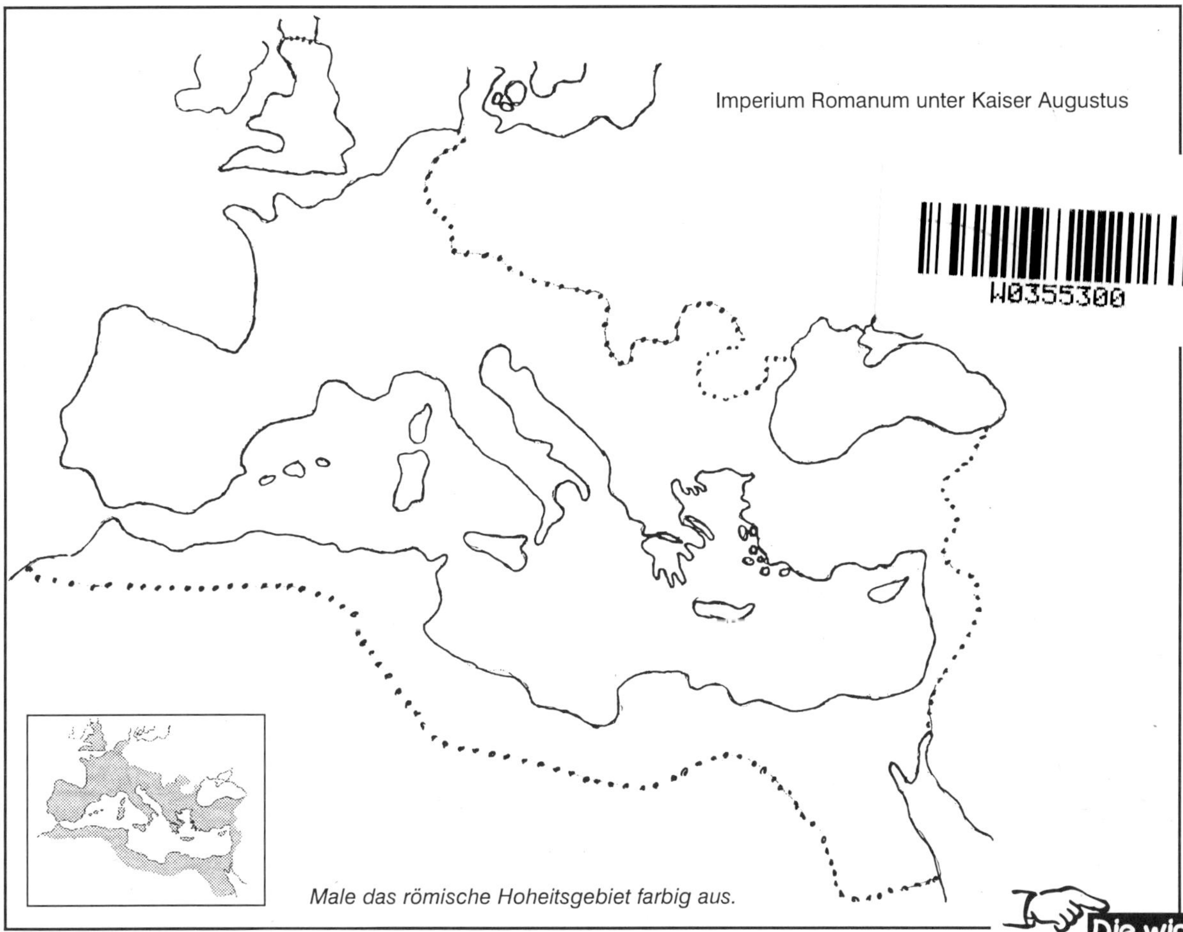

Imperium Romanum unter Kaiser Augustus

Male das römische Hoheitsgebiet farbig aus.

Die wichtigsten Begriffe

Rom wurde im Jahr 753 vor Christus gegründet.
Zwischen 300 vor Christus und 200 nach Christus wuchs das römische Weltreich durch Eroberungen: wir nennen es das „Imperium Romanum“.
Das Imperium Romanum umfasste alle Länder rund um das Mittelmeer, es reichte von Ägypten bis Britannien.
In den Ländern, die die Römer eroberten, bauten sie Städte. Die Hauptstadt Rom hatte in der Kaiserzeit eineinhalb Millionen Einwohner.
Die Römer bauten hervorragende Straßen. Diese führten geradlinig durch die Landschaft, durch künstliche Tunnels und über Brücken. Sie wurden mit Meilensteinen markiert. Die staatliche Post brauchte von Rom bis nach Spanien nur 36 Stunden.
Auf dem Mittelmeer herrschte ein reger Schiffsverkehr. Die Provinzen standen unter der Aufsicht der Hauptstadt. Damit die Menschen sich dort unterordneten, waren die römischen Soldaten überall.
In den Ländern, die die Römer unterworfen hatten, lehrten sie die Menschen wie Römer zu leben: römische Kleidung tragen, römische Speisen verzehren, römische Götter verehren und Latein sprechen.
Latein war die Umgangs- und Amtssprache des Römischen Reiches.

***1.** Unterstreiche oder markiere die wichtigsten Wörter, schreibe sie rechts heraus. Verfasse dann selbst einen kurzen Text für dein eigenes Römerheft.*
***2.** Übertrage die Karte in dein Römerheft. Nimm das Blatt zum Zeichnen quer und vergrößere so viel wie möglich.*
***3.** Schau im Atlas nach, welche heutigen Staaten zum Imperium Romanum gehört haben! Schreibe in dein Römerheft! Erledige diese Aufgabe gemeinsam mit einem Partner!*

Die spinnen, die Römer Best.-Nr. 520X

Nimm dir Zeit zum Lernen!

Lendersdorfer Traumfabrik

Die Gründung Roms

Die spinnen, die Römer   Best.-Nr. 520X

Eine Legende

Vor langer Zeit herrschte in der Stadt Alba Longa ein böser König mit Namen Amulius. Dieser hatte seinem Bruder Numitor den Thron entrissen. Er hatte ihn fortgejagt und seine Söhne getötet.

Die Tochter Numitors wurde Priesterin, denn sie sollte kinderlos bleiben. Aber sie brachte Zwillinge zur Welt. Sie behauptete, der Vater der Kinder sei der Kriegsgott Mars. Weil ihre Kinder ein Anrecht auf den Thron hatten, befahl Amulius, sie umzubringen.

Ein mitleidiger Diener jedoch setzte die Zwillinge in einem Korb aus Schilfrohr auf dem Tiber aus. Der Korb verfing sich im Ufergestrüpp. Eine Wölfin säugte die Menschenkinder und rettete ihnen das Leben.
Die Jungen wuchsen schließlich bei einem Hirten und seiner Frau auf. Sie bekamen die Namen Romulus und Remus.

Romulus und Remus wuchsen heran. Sie fanden zu ihrem Vater zurück und wollten ihm helfen, den Thron wiederzugewinnen. Das gelang auch, und die Brüder lebten glücklich als Prinzen in Alba Longa.

Bald aber hatten die Zwillinge Heimweh nach den Hügeln am Tiber, wo sie aufgewachsen waren. Sie kehrten dorthin zurück, um eine Stadt zu gründen. Im Streit über den genauen Ort, auf dem die Stadt entstehen sollte, tötete Romulus seinen Bruder.

Zwölf Geier schwebten über sieben Hügeln. Dort nun zog Romulus die Grenze der neuen Stadt und sagte: „Wer versucht, meine Stadtmauer zu überwinden, wird ebenso sterben wie mein Bruder.“
Die neue Stadt bekam den Namen Rom.

Romulus herrschte als König 38 Jahre lang über sein Volk. Eines Tages legte sich eine dicke schwarze Wolke um Romulus, und der König verschwand in einem zuckenden Blitz. Die Römer sagten, er sei zu seinem Vater, dem Kriegsgott Mars, heimgekehrt.

Nimm dir Zeit zum Lernen!

Die Stadt auf sieben Hügeln

Das Datum der Gründung Roms legten die römischen Geschichtsschreiber in das Jahr 753. Eine Sage erzählt von Romulus, welcher der erste König Roms war. Die Brüder Romulus und Remus waren von einer Wölfin gesäugt und aufgezogen worden. Die Bronzefigur der römischen Wölfin ist das Wahrzeichen Roms. Rom liegt in einem Sumpfgebiet am Tiber auf sieben Hügeln.

1. *Nimm einen Atlas, schlage die Seite mit Italien auf.*
2. *Zeige die Hauptstadt des heutigen Italiens, Rom.*
3. *Zeichne den italienischen Stiefel in dein eigenes Römerheft und trage die Hauptstadt Rom ein.*
4. *Erzähle die Legende schriftlich nach und zeichne die Wölfin mit Romulus und Remus ab.*

Lendersdorfer Traumfabrik

Leben und Wohnen in Rom

Wer kein Christ, kein Jude und kein naher Verwandter des Kaisers war, konnte damals im Römischen Reich sehr ruhig und angenehm leben. Man reiste von Spanien bis zum Euphrat, von der Donau bis zum Nil auf den herrlich gebauten römischen Straßen. Die römische Staatspost fuhr regelmäßig zu den einzelnen festen Plätzen an den Grenzen des Reiches, um Nachrichten zu bringen und zu holen.
In den großen Städten, in Alexandria oder in Rom, gab es alle Annehmlichkeiten des bequemen Lebens. In Rom selbst gab es große Stadtviertel mit hohen, vielstöckigen, schlecht gebauten Zinskasernen, in denen die armen Leute wohnten.
Die römischen Privathäuser und Villen dagegen waren mit den schönsten griechischen Kunstwerken und prunkvollen Möbeln ausgestattet und hatten reizende Gärtchen mit kühlenden Springbrunnen. Im Winter konnte man die Räume mit einer Art Zentralheizung erwärmen: Man ließ erhitzte Luft unter dem Fußboden in hohlen Ziegeln hinstreichen.

(Gombrich, S. 118)

Die wichtigsten Begriffe

__1.__ Lies den Text, markiere die wichtigsten Wörter und schreibe sie rechts auf.
__2.__ Verfasse einen eigenen kurzen Text und übertrage ihn in dein Römerheft.
__3.__ Suche im Lexikon oder Geschichtsbuch das Bild eines römischen Privathauses, zeichne es in dein Römerheft!
__4.__ Zeichne die Frau und den Mann in dein Römerheft, male bunt.
Übernimm auch die Bezeichnungen der Kleidungsstücke!

Kleidung
Bei der Arbeit trug der Römer die Tunika, ein ärmelloses Hemd, das bis unter die Knie reichte. Ging er aus, zog er die Toga über, einen weißen wollenen Überwurf.

Die Frauen trugen im Haus ein langes Gewand, die Stola. Außerhalb des Hauses legten sie darüber ein faltenreiches, gegürtetes Gewand, das Palla genannt wird.

Lendersdorfer Traumfabrik

Verkehrswege und Münzen 4

Die wichtigsten Begriffe

Straßen
Die meisten Straßen in Rom hatten keine Namen, die Häuser keine Nummern. Gehsteige fand der Fußgänger nur selten, das Leben drängte sich in schmalen Gassen, die völlig verschmutzt waren. Man pflegte Abfälle geradewegs aus dem Fenster zu werfen. Straßenlaternen gab es nicht. Nachts war es auf den Straßen Roms gefährlich. Man blieb besser zu Hause.
Die Römer bauten hervorragende Straßen, das hast du schon weiter vorne gelesen. Sie führten sternförmig von Rom in alle Teile des Reiches. Eine berühmte römische Straße hat den Namen Via Appia. Diese Straße gibt es noch heute!
Sogar über die Alpen bauten die Römer ihre Straßen. An den Alpenpässen, aber auch an vielen Städten, gab es Übernachtungshäuser, wo man Fuhrwerke und Lasttiere unterstellen konnte und wo man Bett, Essen und oft auch Unterhaltung bekam.
Die Kultur der Römer war überhaupt sehr hoch entwickelt, und in ganz Europa finden sich Reste ihrer hervorragenden Bauwerke: Wasserleitungen, Kanalsysteme, öffentliche Bäder (Thermen), Sportplätze.

Münzen
Römische Münzen waren nicht nur Zahlungsmittel. Auf viele Geldstücke war das Portrait des Kaisers geprägt. Damit konnten die Menschen im gesamten Reich erkennen, wie der Herrscher aussah. Man bezahlte im ganzen Römischen Reich mit demselben Geld.
So wie ab dem Jahr 2000 in ganz Europa mit dem Euro gezahlt swerden kann.
Auch die Gewichte und die Maße galten einheitlich im gesamten Reich. Das war für die wirtschaftliche Entwicklung von großer Bedeutung.

1. Lies den Text, markiere die wichtigsten Wörter und schreibe sie rechts auf.
2. Verfasse einen eigenen kurzen Text und übertrage ihn in dein Römerheft.
3. Zeichne einige römische und einige europäische Münzen in dein Römerheft.

Lendersdorfer Traumfabrik

Sklavenwirtschaft 5

Bei den Griechen und Römern war Sklaverei etwas Selbstverständliches. Zeitweilig war jeder dritte Bewohner Roms ein Sklave. Sklaven waren in verschiedenen Bereichen als Arbeitskräfte eingesetzt: im Bergbau, in den Steinbrüchen, auf den Feldern, im Handwerk. Jede Familie besaß wenigstens einen Sklaven zur Erledigung der Hausarbeit. Römische Patrizier hatten mehrere Hundert Sklaven, der König hielt sich Tausende.
Die Sklaven stammten meist aus fremden Ländern: aus dem Orient, aus Gallien und aus Germanien.
Im Rom der frühen Zeit behandelte man die Sklaven meist gut. Sie durften sich frei bewegen und erhielten sogar Lohn für ihre Arbeit. Wer seinen Lohn als Sklave über lange Jahre hinweg zu sparen vermochte, konnte sich freikaufen. Viele römische Herren schenkten bewährten Sklaven freiwillig die Freiheit. Doch im 5. Jh. vor Christus verschlechterte sich die Lage der Sklaven sehr.

__1.__ Lies beide Texte. Markiere die wichtigsten Wörter und schreibe sie rechts auf. Wenn der Platz nicht reicht, nimm noch ein Blatt Papier dazu.
__2.__ Verfasse einen eigenen kurzen Text zum Thema „Sklaven" und übertrage ihn in dein Römerheft. Zeichne dazu aus deiner Fantasie eine Szene auf dem Sklavenmarkt.
__3.__ Wo liegt Delos? Schlage in Atlas oder Lexikon nach!

Die wichtigsten Begriffe

Der Sklavenaufstand
Die Lage der Sklaven verschlechterte sich im 5. Jahrhundert vor Christus sehr. Ursprünglich waren die Römer Bauern. Einige reiche Leute hatten die kleineren Bauerngüter aufgekauft und ließen jetzt auf ihrem riesigen Landbesitz Sklaven arbeiten. Überhaupt gewöhnten sich die Römer an, alles von Sklaven besorgen zu lassen. Nicht nur die Arbeiter in den Bergwerken und Steinbrüchen, sondern sogar die Hauslehrer der vornehmen Kinder waren meist Sklaven, Kriegsgefangene oder Nachkommen von Kriegsgefangenen. Man handelte mit ihnen wie mit Ware. Kaufte und verkaufte sie wie Ochsen oder Schafe. Wer einen Sklaven gekauft hatte, war dessen Herr. Er konnte mit ihm machen, was er wollte, auch ihn umbringen. Die Sklaven hatten keinerlei Rechte. Manche Herren verkauften sie für die Fechterspiele in den Theatern, wo sie mit wilden Tieren kämpfen mussten. Solche Sklaven hießen Gladiatoren. Einmal haben sich die Gladiatoren gegen diese Behandlung gewehrt. Ein Sklave namens Spartakus rief sie zum Kampf auf, und viele Sklaven von den Landgütern schlossen sich ihm an. Sie kämpften mit furchtbarer Verzweiflung, und nur schwer gelang es den Römern, die Sklavenheere zu besiegen. Sie rächten sich natürlich fürchterlich. Das war im Jahre 71 vor Christus.

(Gombrich, S. 109 f)

Wo kaufte man die Sklaven ein?
Der größte Sklavenmarkt der Antike war Delos. An einem einzigen Markttag wurden dort bis zu 10 000 Menschen verkauft.

Lendersdorfer Traumfabrik

Brot und Spiele 6

Die spinnen, die Römer Best.-Nr. 520X

Wettspiele

Das römische Volk liebte Unterhaltung: Zirkuswettspiele, Scheinkämpfe zu Pferde, Elefantenkämpfe, akrobatische Kunststücke galoppierender Reiter wurden vorgeführt.

Die römische Kavallerie führte bisweilen kunstvolle Reisterspiele aus. Die Kämpfer trugen Maskenhelme, Paradepanzer, Beinschienen und bunte Schilde. Die Pferde waren mit Stirnpanzern, Augenschutzkörben und Brustschilden geschützt. Wettrennen und Wettspringen von Rennreitern, die liegend oder kniend ritten, vor allem die beliebten Rennen der Zwei-, Drei- und Viergespanne wurden vor Tausenden von Zuschauern aufgeführt. Menschenmassen verfolgten die Wagenrennen im Circus.

Die wichtigsten Begriffe

Gladiatorenkämpfe

Das große Theater in Rom heißt Kolosseum. Es bot Platz für ungefähr 50 000 Zuschauer. *(Welche Stadt in deiner Umgebung hat ungefähr so viele Einwohner?)*

Im Kolosseum fanden hauptsächlich Gladiatorenkämpfe und Tierhetzen statt. Auch Christen starben in diesen Theatern. Der Zuschauerraum über dem Platz war ringsherum steil hinaufgebaut, wie ein riesiger, ovaler Trichter. In der Hauptloge unten saß der Kaiser unter einer prächtigen Plane, die ihn gegen das Sonnenlicht schützte. Der Kampfplatz hieß Arena.

Noch ist die Arena leer. Plötzlich lässt der Kaiser ein Tuch in die Arena fallen: das Spiel war eröffnet! Die Gladiatoren kamen herein, stellten sich vor der Hofloge auf und riefen: „Heil, Kaiser, die sterben werden, grüßen dich!“

(nach Gombrich, S. 119)

Die Gladiatorenkämpfe waren beliebt. Im Kolosseum wurden Bären, Büffel, Elefanten und Rhinozerosse gegeneinander gehetzt. Man ließ wehrlose Menschen von Tigern, Löwen und anderen Bestien zerfleischen. Gladiatoren mussten so lang mit blanken Waffen gegeneinander kämpfen, bis einer tot auf dem Kampfplatz lag.

__1.__ Lies die Texte aufmerksam. Markiere die Wörter, die dir wichtig erscheinen und die du dir merken willst.
__2.__ Verfasse einen eigenen kurzen Text. Schreibe den Text in dein Römerheft.
__3.__ Zeichne dazu einen Streitwagen! Wenn du willst, kannst du auch ein Bild über einen Gladiatorenkampf malen.

Lendersdorfer Traumfabrik

Das Amphitheater

Die spinnen, die Römer Best.-Nr. 520X

Pecunia non olet = Geld stinkt nicht
Kaiser Vespasian erbaute das Kolosseum in Rom. Im Jahre 70 nach Christus begannen die Bauarbeiten, und schon acht Jahre später war das Kolosseum fertig – eine ungeheure Leistung. Wie du dir denken kannst, war der Bau sehr teuer. Wie brachte der Kaiser das Geld auf? Da war zum einen der Tempelschatz, den er bei der Eroberung Jerusalems erbeutet hatte. Der reichte jedoch nicht. Er kam auf die Idee, für die öffentlichen Bedürfnisanstalten (Toiletten) Gebühren zu erheben. Roms Mietshäuser hatten in der Regel keine Toiletten.
Der Sohn des Kaisers, der mit dem Vater regierte, erhob Einspruch gegen die „Klosteuer". Daraufhin hielt Vater Vespasian unter die gerümpfte Nase seines Sohnes eine Münze aus der ersten Zahlung der neuen Steuer und fragte Titus, ob ihm der Geruch der Münze zuwider sei. Titus verneinte, und Vespasian antwortete: „Und doch kommt sie vom Urin."
Daraus entstand das geflügelte Wort „Geld stinkt nicht".

Die wichtigsten Begriffe

__1.__ Lies die Texte aufmerksam. Markiere die Wörter, die dir wichtig erscheinen und die du dir merken willst.
__2.__ Verfasse einen eigenen kurzen Text. Schreibe den Text in dein Römerheft.
__3.__ Zeichne das Kolosseum ab, so gut du kannst. Oder suche ein Bild des Kolosseums aus einer Zeitschrift, schneide es aus und klebe es ein.

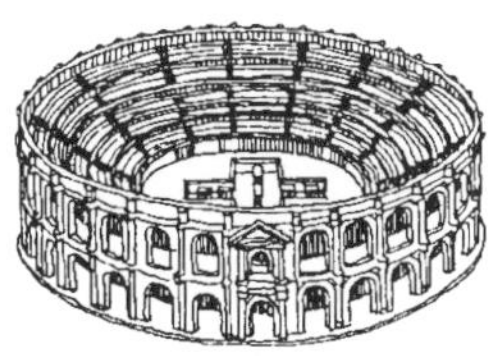

Ein kleineres Amphitheater

Das Kolosseum hieß Amphitheatrum Flavium. Das Bauwerk ist dreigeschoßig und hat einen elliptischen Grundriss. Etwa 50 000 Menschen fanden darin Platz.
Anfänglich konnte die Arena über ein Aquädukt (Wasserleitung) unter Wasser gesetzt werden: Man veranstaltete darin richtige Seeschlachten!
Der Eintritt in das Kolosseum war frei.
Die unterlegenen Gladiatoren hatten eine Chance zu überleben, wenn der Kaiser es wollte: Daumen hoch: Gnade – Daumen abwärts: Tod.
Nach dem Untergang des Römerreiches wurde das Kolosseum jahrhundertelang als Steinbruch benutzt: Man riss Steinquader heraus, die man für den Bau neuer Paläste in Rom benötigte.
Erst vor 200 Jahren begann man mit der Restaurierung (Wiederaufbau).

Lendersdorfer Traumfabrik

Kultur hat viele Seiten

Die spinnen, die Römer Best.-Nr. 520X

Erziehung
Die Römer bemühten sich um gute Bildung. Die meisten Erwachsenen konnten lesen und schreiben. Literatur, Kunst und Wissenschaft hatten die Römer von den Griechen übernommen und selbständig weiterentwickelt. Die Kinder der Wohlhabenden gingen zur Schule. Es gab Bibliotheken mit Tausenden von Buchrollen. Die Sprache war Latein. Auch die Bevölkerung der eroberten Gebiete gewöhnte sich daran, lateinisch zu sprechen. Sprachen wie Französisch, Italienisch und Spanisch sind aus der Sprache der Römer entstanden. Man nennt sie daher auch romanische Sprachen.

Essen und Trinken
Teure und ungewöhnliche Speisen kamen auf den Tisch der Reichen. Das war damals nicht anders als heute. Die Gäste lagen auf hufeisenförmig angeordneten Liegen um einen niedrigen Tisch. Sie aßen mit den Fingern und mussten sich während eines Mahls oft die Hände waschen. Es gab drei Gänge. Als Vorspeise wurden Salate, Eier, Schnecken oder Schalentiere gereicht. Auch Austern waren sehr beliebt. Dazu trank man einen mit Honig gesüßten Wein. Als Hauptgang wurden Fisch und Fleisch aufgetischt. Zu den Spezialitäten zählten gefüllte Haselmäuse, geröstete Pfauen und gekochte Strauße. Zum Abschluss aß man Süßspeisen und Obst.

Die wichtigsten Begriffe

____

____

____

____

____

____

____

____

____

____

____

____

____

____

____

1. Markiere die wichtigsten Wörter im Text und schreibe sie rechts auf.
2. Schreibe einen eigenen Text für dein Römerheft.
Zeichne dazu eine römische Tischgesellschaft, wie du sie dir vorstellst.
3. Schreibe drei lateinische Wörter auf, dazu ihre Bedeutung.
4. Diskutiert über den Text „Grausamer Blutrausch für gelangweilte Bürger“
Auch heute gibt es sportliche Veranstaltungen, bei denen die Zuschauer spektakuläre Unfälle miterleben können. Und wie ist das mit den Gewaltvideos?

Grausamer Blutrausch für gelangweilte Bürger

Was damals im Flavischen Amphitheater geschah, war unverzeihlich. Allein die Eröffnungsveranstaltung dauerte hundert Tage und bedeutete den Tod von 2000 Gladiatoren und 9000 Tieren.

Das Publikum ließ ein solches Sterben zu seinem Vergnügen veranstalten. Wie können wir das verstehen? Eine Erklärung ist die Langeweile.

Das alte Rom war die erste „Freizeit-Gesellschaft“ der Welt: 300 000 von einer Million Römern waren arbeitslos, das ist ein knappes Drittel! Sie mussten vom Kaiser ernährt und durch Unterhaltung von Langeweile und Verschwörungslust abgehalten werden.

Die Römer hatten kein Fernsehen, kein Video, auch keine erregenden Fußballspiele! Und sie wollten was erleben. So verfielen sie der Magie des unheimlichen Ortes: das Knattern des Windes im riesigen Sonnendach des Kolosseums, das Brüllen der Tiere und das aufgeregte Raunen, Stöhnen und Schreien der Menge, in der sich der einzelne aufgehoben fühlte.

Lendersdorfer Traumfabrik

Soldaten und Feldherren

„Ich bin ein römischer Bürger!" – das war damals eine Art Zauberformel. War man vorher kaum beachtet worden, so wurden gleich alle Leute höflich und zuvorkommend, wenn man das sagen konnte.
Die wirklichen Herren der Welt aber waren damals eigentlich die römischen Soldaten. Sie hielten ja dieses gewaltige Reich zusammen, sie unterdrückten die widerspenstigen Eingeborenen und bestraften furchtbar alle, die sich widersetzten. Tapfer, kampfgewohnt und ehrgeizig, wie sie waren, eroberten sie jedes Jahrzehnt ein neues Land im Norden, Süden oder Osten.

Wenn ihre Mannschaften im Gleichschritt einhermarschiert kamen, mit ihren metallbelegten Lederpanzern, Schilden und Wurfspeeren, mit ihren Schleudern und Schwertern, mit ihren Pfeilschieß- und Steinwurfmaschinen, gedrillt und geübt, dann war es für die anderen aussichtslos, sich zu wehren. Kampf war ihr Lieblingshandwerk. Und wenn sie wieder einmal gesiegt hatten, zogen sie in Rom ein, mit ihren Feldherren an der Spitze, mit allen Gefangenen und aller Beute.

So zogen sie unter festlicher Trompetenmusik, bejubelt vom Volk, durch Ehrenpforten und Triumphbögen. Sie trugen Bilder und Tafeln, auf denen ihre Siege wie auf Plakaten zu sehen waren. Der Feldherr stand im sternenbestickten Purpurkleid auf seinem Wagen, den Lorbeerkranz auf dem Haupt, in dem heiligen Gewand, das das Tempelbild des Göttervaters Jupiter trug.

So fuhr er als ein zweiter Jupiter auf der steilen Straße zu dem Tempel auf der römischen Burg, dem Kapitol, hinan. Und während er oben feierlich dem Gott ein Dankopfer darbrachte, wurden unten die Führer der besiegten Feinde umgebracht.

(Gombrich, S. 103 f)

Die wichtigsten Begriffe

__1.__ Lies den Text aufmerksam, unterstreiche die wichtigsten Begriffe und schreibe einen eigenen Text in dein Römerheft.
__2.__ Zeichne ein verziertes Schild und male es bunt!

An allen Grenzen des weiten Römischen Reiches hielten Legionäre Wacht.

Die spinnen, die Römer Best.-Nr. 520X

Lendersdorfer Traumfabrik

Die spinnen, die Römer Best.-Nr. 520X

Das römische Heer

Anfangs gab es die Wehrpflicht – im Falle eines Krieges musste jeder kriegstaugliche Mann in den Kampf ziehen.

Aber weil es ja so oft Krieg gab, kannst du dir vorstellen, dass es so nicht weiterging. Ein Bauer, der jahrelang immer wieder an der Front steht anstatt seinen Acker zu pflügen, findet seinen Acker bald verödet und seinen Hof verschuldet vor.

Die Lösung für dieses Problem waren Berufssoldaten. Sie hatten nichts anderes zu tun als zu kämpfen. Dafür wurden sie bezahlt.

Ein römischer Soldat musste 25 Jahre in seiner Legion dienen. Daher nennt man die römischen Soldaten Legionäre. Der Lohn, den er erhielt, nannte man Sold. (Daher kommt der Name Söldner). Der Söldner lebte mit seinen Kameraden in Zelten, Baracken oder in einem Kastell. Legionäre durften nicht verheiratet sein.

Zum Kampf trugen sie schwere Rüstungen aus Metallplatten, die sich überlappten. Die Federhaube zum Helm wurde nur bei besonderen Gelegenheiten aufgesetzt: zum Beispiel bei einem Triumphmarsch durch Rom.

Eine Legion ist eine Abteilung im Heer, die ungefähr 3000 Vollbewaffnete, 1200 Leichtbewaffnete und 300 Reiter umfasste.

Kaiser Augustus befehligte 25 Legionen. Zusammen mit den Hilfstruppen waren das 300 000 Berufssoldaten.

Die wichtigsten Begriffe

__1.__ Markiere die wichtigsten Wörter im obigen Text und schreibe sie rechts auf.

__2.__ Schreibe jetzt einen eigenen Text für dein Römerheft.

__3.__ Zeichne dazu den römischen Soldaten ab und male bunt. Die Stoffe sind rot.

__4.__ Wer war Hannibal? Schlage im Lexikon nach und lies darüber im Geschichtsbuch!

Hannibal und die Elefanten

Hannibal war ein karthagischer Feldherr.

Er begann den 2. Punischen Krieg, in dessen Verlauf er von Spanien nach Italien marschierte.

Er musste dabei mit den Elefanten die Alpen überqueren, das war 218 vor Christus. Sein Heer umfasste ca. 60 000 Fußsoldaten und Reiter sowie 37 Kriegselefanten. Zunächst war er erfolgreich und vernichtete mehrere römische Heere.

Nach jahrelangen Kämpfen und römischen Gegenschlägen sah er sich zum Rückzug nach Afrika gezwungen, wo er 202 vor Christus entscheidend geschlagen wurde. Hannibal nahm sich selbst das Leben.

Lendersdorfer Traumfabrik

Caesar und Augustus

Veni, vidi, vici

Gajus Julius Caesar stieg zum ersten großen Alleinherrscher des Römerreiches auf. Bereits nach fünf Jahren Regierung wurde er ermordet. Er war beim Volke sehr beliebt, denn er gab herrliche Feste und verschenkte Getreide. Caesar war zudem ein großer Feldherr. Einmal zog er in den Krieg, und schon nach wenigen Tagen schickte er einen Boten nach Rom mit der Nachricht: „Veni, vidi, vici!" Das ist Latein und heißt: Ich kam, ich sah, ich siegte.

Caesar eroberte Frankreich, das damals Gallien hieß. Gallien wurde römische Provinz. Dann zog er gegen die Schweizer, die damals Helvetier hießen. Zweimal ist er über den Rhein hinüber nach Deutschland gezogen und hat dort gegen die Germanen gekämpft. Zweimal ist er über das Meer nach England gezogen. England nannten die Römer Britannien. Auch in Spanien zogen die römischen Krieger ein. Alle eroberten Gebiete wurden Provinzen.

Caesar war damals der mächtigste Mann der Welt. Er war kurz davor, Kaiser zu werden. Weil er seinen Feinden in Rom zu mächtig wurde, ermordeten sie ihn im Jahre 44 vor Christus.

Caesar: Von Caesar stammt das deutsche Wort „Kaiser" ab (und auch das russische „Zar"). Caesar war ein gebildeter Herrscher. Er war ein großer Schriftsteller. Bis heute erhalten sind zum Beispiel seine Schriften über den Gallischen Krieg.

Die wichtigsten Begriffe

__1.__ Lies beide Texte, markiere die wichtigsten Wörter und schreibe auf.
__2.__ Verfasse einen eigenen kurzen Text und übertrage ihn in dein Römerheft.
__3.__ Zeichne die Büste des Kaisers Augustus in das Heft.
Schreibe darunter in Zierschrift seinen Namen, wann er lebte und wie alt er wurde.

Kaiser Augustus

Er wird als Friedenskaiser bezeichnet. Er war der Großneffe Caesars. Anders als Caesar respektierte er die Institutionen der Republik und bezeichnete sich nur als princeps (der Erste). Augustus gewann die Alleinherrschaft im Römischen Reich: er wurde der erste Kaiser.

Nach 100 Jahren Krieg gab es unter Augustus endlich Frieden. Dafür widmete er sich den Eroberungen im Osten und Norden in Germanien. Im Jahr 9 nach Christus verlor er bei der Varus-Schlacht im Teutoburger Wald mehrere seiner Legionen. Kaiser Augustus lebte von 63 vor Christus bis 14 nach Christus. Die Römer bewunderten Augustus so sehr, dass der Senat ihn nach seinem Tod zu einem Gott erklärte.

Die spinnen, die Römer   Best.-Nr. 520X

Lendersdorfer Traumfabrik

Nero 12

Die spinnen, die Römer Best.-Nr. 520X

Ungefähr 30 Jahre nach Christi Kreuzestod – also etwa um 60 nach Christi Geburt – herrschte ein grausamer Kaiser über das Römerreich: Nero. Noch heute spricht man mit Schaudern von ihm als von dem entsetzlichsten Bösewicht. Das Abstoßende an ihm ist eigentlich, dass er kein großer, durch und durch rücksichtsloser und ungeheuer schlechter Mensch gewesen ist, sondern einfach ein weichlicher, eitler, misstrauischer, fauler Mensch, der selbst dichtete und sang, die ausgesuchtesten Sachen gegessen oder fast gefressen hat, ein Mann ohne jede Anständigkeit oder Festigkeit. Er hatte ein schlaffes Gesicht mit einem zufrieden-satten, grausamen Lächeln um den Mund. Er ließ seine eigene Mutter, seine eigene Frau und seinen Lehrer ermorden und noch viele Verwandte und Freunde. Er hatte ständig Angst, man könnte einmal auch ihn umbringen, denn feige war er auch.

Nun brach damals in Rom eine Feuersbrunst aus, die viele Tage und Nächte Häuserviertel um Häuserviertel, Bezirk um Bezirk niederlegte und Hunderttausende obdachlos machte, denn Rom war damals schon eine gewaltige Großstadt mit mehr als einer Million Einwohnern. Und was tat Nero dabei?

Er stand auf dem Balkon seines herrlichen Palastes und sang zur Leier ein selbst verfasstes Lied auf den Brand von Troja. Das fand er sehr zu dem Augenblick passend. Da wurde aber das Volk, das ihn bisher gar nicht so schrecklich gehasst hatte, wütend. Denn dem Volk hatte er oft schöne Feste geschenkt, nur gegen seine näheren Freunde und Bekannten war er grausam gewesen.

Jetzt aber erzählte man sich: Nero selbst habe Rom angezündet. Ob das wirklich wahr ist, weiß man nicht. Jedenfalls hat Nero gewusst, dass es ihm zuzutrauen war. So suchte er nach einem Sündenbock. Und den fand er in den Christen. Die Christen hatten oft gesagt, dass diese Welt zugrunde gehen muss, damit eine bessere, reinere Welt entstehen kann. Du weißt, was sie damit gemeint haben. Da die Leute aber gewöhnlich nur oberflächlich hinhören, hat es in Rom bald geheißen: Die Christen wünschen den Weltuntergang, sie hassen die Menschen.

Ist das nicht ein merkwürdiger Vorwurf?

(Gombrich 115ff)

1. *Was dann geschah, kannst du dir selbst ausmalen.*
Schlag nach im Lexikon unter ***Märtyrer*** *und* ***Katakomben****; Schreibe in dein Römerheft, was du gelesen hast.*
2. *Schreibe in dein Römerheft, wer Nero war und was du über ihn weißt.*
3. *Sprecht über den „Cäsarenwahn“.*

Die wichtigsten Begriffe

Der Cäsarenwahn

Von einem Menschen, der aus Machtgier keine moralischen und sittlichen Grundsätze beachtet, sagt man, er leide unter „Cäsarenwahn“.
Er geht für seinen Ruhm und sein Wohlergehen wörtlich über Leichen.
Es gab unter den römischen Kaisern „größenwahnsinnige Psychopathen“.
Wie soll ich dir diesen Ausdruck erklären, es ist schwierig: ein Psychopath ist ein Mensch, der sich völlig anders benimmt als die Mehrheit der Menschen. Salopp gesagt ist er im Kopf nicht ganz richtig. Wenn dieser Psychopath jetzt sehr machtgierig ist und diese Macht auch ausüben kann, wird er viel Elend anrichten können. So ließ Kaiser Nero zum Beispiel Rom niederbrennen, seine Mutter töten oder Christen zur Unterhaltung der Zuschauer martern und hinrichten.
Cäsarenwahn befiel aber nicht nur die römischen Kaiser. Es gibt ihn zu allen Zeiten. Gestern waren das zum Beispiel Hitler oder Stalin. Heute musst du nur die Zeitung aufschlagen und darin lesen.

Lendersdorfer Traumfabrik

Die römischen Götter

13

Die Römer waren sehr fromm. Sie glaubten an viele Götter.
Einige davon sind:

Jupiter: Gott des Wetters und der Jahreszeiten
Juno: Beschützerin der Ehe
Bacchus: der Gott des Weins
Ceres: Göttin der Feldfrüchte
Mars: der Kriegsgott
Faunus: Beschützer des Viehs
Janus: der Gott mit zwei Gesichtern, der den Eingang und Ausgang der Stadt schützte.
Vesta: die Stadtgöttin Roms

Juno

Jupiter

Jupiter

Optimus

Maximus

Bacchus

Auf dem Altar der Vesta brannte ein Feuer, das nicht erlöschen durfte. Die Vestalinnen behüteten das Feuer. Einmal im Jahr löschten alle Hausfrauen das Feuer im eigenen Heim und holten vom Altar der Vesta neues, reines Feuer. Das Feuer und die Herdstatt im Atrium war den Römern heilig.

1. *Jupiter und Juno waren ein Paar. Sie waren die höchsten Gottheiten. Jupiter trug den vollen Namen:* ***Jupiter Optimus Maximus****. Zeichne Jupiter und Juno so gut du kannst und schreibe ihre Namen auf.*
2. *Zeichne Janus, den Gott mit den zwei Gesichtern, wie du ihn dir vorstellst!*
3. *Lies den Text, markiere die wichtigsten Wörter und schreibe in dein Römerheft!*

Die wichtigsten Begriffe

Die Götter spielten eine wichtige Rolle im Leben der Römer. Sie wurden um Rat befragt und um Hilfe angefleht. Manchmal opferte man ihnen Widder, Schweine und Stiere. Die mit Girlanden und Bändern geschmückten Tiere wurden getötet, ihre Innereien auf dem Altar verbrannt. Um den Willen der Götter zu erfahren, beschaute man die Eingeweide.
In vielen römischen Häusern standen Schreine. Hier brachte man den Laren Opfer dar – Laren waren die Schutzgötter des Hauses.
Wollte man in die Zukunft schauen, so opferte man einer Schar „heiliger Hühner" Futter. Fraßen sie gierig, so war dies ein gutes Zeichen. Einmal nahm ein General namens Claudius Pulcher einige „heilige Hühner" mit auf See. Er wurde zornig, als sie das Futter ablehnten und ließ sie über Bord werfen. Dabei schrie er: „Wenn ihr nicht fressen wollt, dann sauft eben!" In der darauffolgenden Schlacht erlitt er eine Niederlage.

Lendersdorfer Traumfabrik

Der eine Gott 14

Die wichtigsten Begriffe

Die Christen
Die Kaiser wurden wie Götter verehrt. Es war üblich, vor den Kaiserbildern Weihrauch zu streuen. Nur die Christen weigerten sich, das zu tun. Sie glaubten an den einzigen wahren Gott.
Die Zeit, in welcher Christus geboren ist, fällt nämlich in die Blütezeit der Herrschaft Roms. Auch Palästina, der Geburtsort Jesu, war römische Provinz. Das Leben Jesu ist in der Bibel niedergeschrieben. Er lehrte, dass es nicht wichtig ist, ob ein Mensch reich ist oder arm, vornehm oder gering, Herr oder Sklave. Für ihn waren alle Menschen vor Gott gleich.

Frühchristliches Sinnbild: „Chistus ist Anfang und Ende“

Das konnte den römischen Herrschern und den Reichen nicht gefallen. Sie fühlten sich durch diesen Glauben in ihrer Macht bedroht. Du weißt, was geschah: Unter dem römischen Beamten Pontius Pilatus wurde Jesus als aufständischer Jude ans Kreuz geschlagen. Diese furchtbare Strafe wurde nur an Sklaven, Räubern und an Nicht-Römern geübt.

(nach Gombrich, S. 112 ff)

1. *Lies die Texte aufmerksam. Markiere die Wörter, die dir wichtig erscheinen und die du dir merken willst.*
2. *Verfasse einen eigenen kurzen Text. Schreibe den Text in dein Römerheft.*
3. *Zeichne das frühchristliche Sinnbild „Christus ist Anfang und Ende“ in dein Heft.*
4. *Das Geheimzeichen der Christen in den Zeiten der Verfolgung ist in eine Mauer eines Hauses geritzt. Zeichne Hausmauer und Geheimzeichen in dein Römerheft.*

Christus als Lamm Gottes, das geopfert wird

Geheimzeichen der Christen in den Zeiten der Verfolgung

Die Gleichberechtigung der Christen
Kaiser Konstantin verfügte im Jahr 313 in Mailand, dass jeder seine Religion ausüben dürfe, ohne verfolgt und bedrängt zu werden. Die Christen durften sich frei zu ihrem Glauben bekennen. Überall bauten sie nun ihre Kirchen und feierten Gottesdienste. Nach und nach fielen die Menschen von allen Göttern ab, und das Christentum wurde zur einzigen Religion im Römerreich.

Zeichen des Heiligen Geistes

Die spinnen, die Römer   Best.-Nr. 520X

Aufstieg und Fall Roms

In unzähligen Kriegen erweiterte Rom seine Macht. Umfasste es zunächst nur einen Großteil des italienischen Stiefels, so kamen noch vor Christi Geburt Sizilien, Spanien, Korsika und Sardinien, Karthago, Norditalien, die Dalmatinische Küste, Griechenland und ein Teil der heutigen Türkei zum Reich. Es wurden daraus die römischen Provinzen, die vom Reichtum Roms profitierten. Die Menschen kamen zu Wohlstand. Heerstraßen wurden gebaut, und die lateinische Sprache verbreitete sich.

Die größte Ausdehnung des römischen Kaiserreiches war in den Jahren 117 nach Christus unter den Nachfolgern des Kaiser Augustus erreicht. Das Reich umfasste das heutige Europa, Kleinasien und einen nördlichen Küstenstreifen Afrikas. In all diesen Gebieten standen römische Soldaten, galt römisches Recht, wurde mit römischen Münzen bezahlt, wurden römische Götter verehrt. Überall konnte man sich mit Latein oder Griechisch, den beiden Hauptsprachen des Reiches, verständigen. Man schätzt, dass mindestens 50 bis 70 Millionen Menschen in diesem Reich lebten.
Das römische Reich blieb viele Jahrhunderte lang bestehen.

Etwa 200 nach Christus verfiel das Römische Weltreich. Bürgerkriege und Despotismus *(Ausübung unumschränkter Herrschaft durch die Kaiser)* führten zu einer Verschlechterung der Lebensbedingungen.
Etwa 400 nach Christus wurde das Reich aufgeteilt in das Byzantinische Reich im Osten und in das Westreich. Dieses löste sich während der Völkerwanderungen auf.

Die wichtigsten Begriffe

__1.__ Lies den Text über Aufstieg und Fall Roms aufmerksam. Markiere die Wörter, die dir wichtig erscheinen und die du dir merken willst.
__2.__ Verfasse einen eigenen kurzen Text. Schreibe den Text in dein Römerheft.
__3.__ Warum, glaubst du, zerfiel das Römerreich? Sprecht darüber.

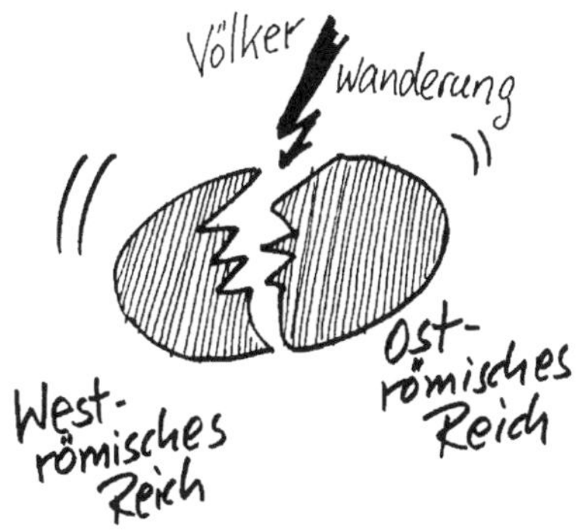

Nach der Teilung des Römerreichs im Jahre 395 eroberten die Germanen den gesamten Westteil. Das oströmische Reich bestand fast noch tausend Jahre lang. Erst als die Türken im Jahre 1453 die Hauptstadt Byzanz (Konstantinopel) eroberten und in Istanbul umbenannten, endete auch das oströmische Reich.
Für die Deutschen war Rom die Schicksalsstadt ihrer Geschichte im Mittelalter.
Das Römerreich war für sie das Ideal. Die deutschen Könige waren nicht Kaiser der Deutschen, sondern römische Kaiser.
Aber das ist schon wieder eine ganz andere Geschichte.

E – N – D – E